MW01634329

Das magische Baumhaus

Band 54
Das große Spiel

Mary Pope Osborne

Das große Spiel

Aus dem Amerikanischen
übersetzt von Sabine Rahn
Illustriert von Petra Theissen

ISBN 978-3-7432-0209-2
2. Auflage 2019
Erschienen unter dem Originaltitel *A Big Day for Baseball*
Copyright Text: © 2017 Mary Pope Osborne
Copyright Illustrationen: © 2018 Loewe Verlag GmbH, Bindlach
Alle Rechte vorbehalten.
Erschienen in der Original-Serie Magic Tree House™
Magic Tree House™ ist eine Trademark von Mary Pope Osborne,
die der Originalverlag in Lizenz verwendet.
Veröffentlicht mit Genehmigung des Originalverlags,
Random House Children's Books, a division of Random House, LLC.
Für die deutschsprachige Ausgabe © 2018 Loewe Verlag GmbH, Bindlach
Aus dem Amerikanischen übersetzt von Sabine Rahn
Umschlagillustration: Jutta Knipping
Innenillustration: Petra Theissen
Umschlaggestaltung: Jessica Szczepanek
Printed in the EU

www.dasmagischebaumhaus.de
www.loewe-verlag.de

Inhalt

Wie alles anfing

Eines sonnigen Tages tauchte ein
geheimnisvolles Baumhaus im Wald
von Pepper Hill in Pennsylvania auf.
Es war voller Bücher. Ein Junge namens
Philipp und seine Schwester Anne entdeckten
dieses Baumhaus. Sie fanden schnell heraus,
dass Zauberkräfte darin schlummerten und
dass sie damit nicht nur an jeden Ort in der
Welt, sondern auch kreuz und quer durch
die Zeit reisen konnten. Sie mussten nur auf
eines der Bilder in einem der Bücher deuten.
Während sie mit dem Baumhaus
unterwegs waren, blieb die Zeit in
Pepper Hill für sie stehen.

Philipp und Anne erfuhren, dass das
Baumhaus der Zauberin Morgan gehörte.
Sie war Bibliothekarin am Hof von
Camelot, im sagenhaften Königreich
des berühmten König Artus.
Mittlerweile haben Anne und Philipp
schon viele abenteuerliche Reisen mit
dem Baumhaus unternommen. Sie haben
im Auftrag von Morgan und ihrem
Freund, dem Zauberer Merlin, viele
aufregende Abenteuer bestanden. Philipp
und Anne werden bald herausfinden,
wohin das nächste Abenteuer mit dem
magischen Baumhaus sie führen wird ...

Der Ball
mit dem Namen

Es war früher Samstagmorgen. Die Luft war noch feucht und frostig. Philipp saß auf den Stufen, die zur vorderen Veranda hinaufführten, und hatte das Kinn in die Hände gestützt.

Anne kam zur Haustür heraus und fragte: „Was meinst du, soll Mama uns jetzt zum Sportzentrum fahren?"

Im Sportzentrum fand heute das Baseball-Probetraining statt.

„Ich habe mich entschieden, nicht hinzugehen", verkündete Philipp.

Anne setzte sich neben ihn.

„Was ist denn los?", fragte sie ihren Bruder behutsam.

„Ich muss immer an die Probespiele im letzten Jahr denken", antwortete Philipp. „Erinnerst du dich? Ich bin hingefallen, als ich mit dem Schläger ausgeholt habe. Und alle haben gelacht."

„Na ja, über mich haben sie auch alle gelacht", erinnerte sich Anne. „Weißt du noch? Ich habe den Ball zur falschen Mannschaft geschlagen."

„Dann sollte vielleicht keiner von uns beiden hingehen", meinte Philipp.

„Aber unsere ganze Familie ist doch total verrückt nach Baseball", wandte Anne ein. „Wir lesen darüber, wir schauen es uns an, wir kennen die Baseball-Statistiken und wissen, welche Mannschaft wie viele Punkte hat, wir …"

Ehe Anne ihren Satz beendet hatte, fiel auf einmal etwas vom Himmel und rollte über ihren Hof.

„Was war das?", fragte Philipp.

Er und Anne standen auf und rannten die Stufen hinab.

Ein kleiner weißer Ball lag im Gras. Anne hob ihn auf.

„Das ist ein Baseball!", rief sie.

„Wo kommt der denn her?", wunderte sich Philipp.

Die Geschwister liefen auf den Bürgersteig und schauten die Straße rauf und runter. Es war niemand zu sehen.

„Vielleicht kommt der ja aus einer

anderen Welt?", flüsterte Anne und gab Philipp den Ball.

„Das ist doch verrückt! Was denn für eine andere Welt?", fragte Philipp.

„Denk doch mal nach", sagte Anne. „Wir reden über Baseball und darüber, dass wir am liebsten gar nicht zum Probetraining gehen möchten … und im nächsten Augenblick fällt plötzlich dieser Baseball vom Himmel."

„Oh, du meinst …?", begann Philipp.

„Morgan!", riefen die Geschwister wie aus einem Mund.

Anne rannte den Bürgersteig entlang.

„Los, komm!", rief sie ihrem Bruder zu.

„Warte einen Moment!", bat Philipp.

Er steckte den geheimnisvollen Baseball in seinen Rucksack und lief seiner Schwester hinterher.

Anne und Philipp überquerten die Straße und rannten in den Wald von Pepper Hill. Sie eilten zwischen den Bäumen entlang, bis sie zur höchsten Eiche im Wald gelangten.

Das magische Baumhaus war tatsächlich wieder da.

„Treffer!", rief Anne.

Sie schnappte sich die Strickleiter und kletterte nach oben. Philipp folgte ihr und sie krabbelten nacheinander ins Baumhaus.

Die Schatten der Blätter tanzten über den Holzfußboden. Dort, im Halbschatten, lagen auch zwei Baseballkappen.

Neben den Kappen befand sich ein
Buch mit dem Titel *Die Geschichte des
Baseballs*. Ein rotes Lesezeichen aus
Leder ragte aus dem Buch hervor.

Philipp hob das Buch auf und öffnete
es an der Stelle mit dem Lesezeichen.

Auf der Seite war das Foto eines großen
Baseballstadions zu sehen. Die Bildunter-
schrift lautete: *Ebbets Field, Brooklyn,
New York, 15. April 1947.*

„Ebbets Field?", murmelte Philipp.
„Diesen Namen habe ich doch schon
mal gehört. Das war ein ganz berühmtes
Baseballstadion."

„Sieh mal", sagte Anne, „auf dem
Lesezeichen steht etwas drauf."
Philipp hielt das Lesezeichen hoch ins
Licht.
„Das ist Morgans Handschrift", stellte
er fest und las laut vor:

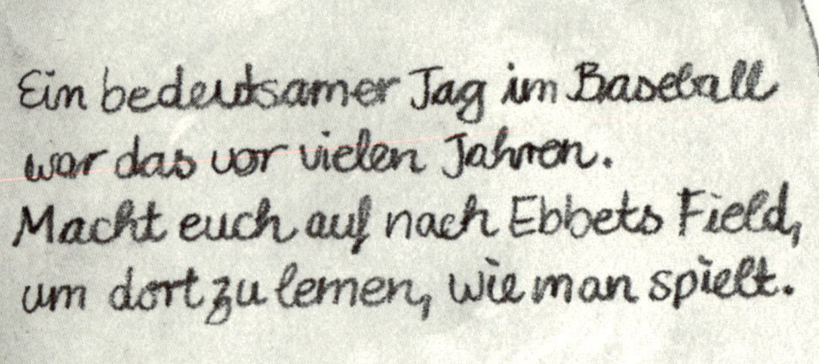

„Lernen, wie man spielt?", wiederholte
Philipp. „Um bessere Baseballspieler zu
werden?"
„So hört sich das an", meinte Anne.
„Offenbar hat Morgan von unserem
Probetraining erfahren."
Sie las den nächsten Vers vor:

Diese Kappen haben Zaubermacht
und sind nur für euch erdacht,
verleihen euch das Wissen,
wie man es richtig macht.

„Oh Mann, das klingt ja, als ob diese Kappen uns zu großartigen Spielern machen würden!", stellte Philipp fest.

„Genau!", stimmte Anne ihm zu und las weiter:

Tragt diese Kappe,
sodass Groß und Klein
die talentierten Menschen seh'n,
die ihr vorgebt zu sein.

„Jetzt verstehe ich das! Alle anderen werden in uns großartige Spieler sehen!", sagte Anne.

„In einem Baseballspiel in der Kinder-
liga?“, bezweifelte Philipp.

„Wieso denn nicht? Ich wette, auch
in Ebbets Field haben manchmal
Kindermannschaften gespielt“, meinte
Anne.

„Stimmt, wahrscheinlich haben alle
möglichen Mannschaften dort gespielt“,
räumte Philipp ein.

Anne las den letzten Vers:

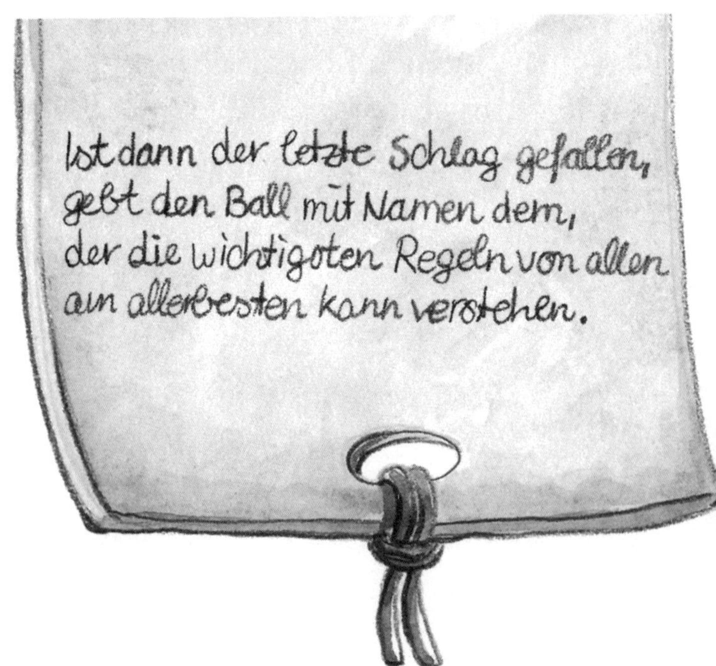

„Unser Baseball hat einen Namen?",
fragte Philipp überrascht. Er holte den Ball
aus seinem Rucksack und drehte ihn in
seinen Händen. „Hier steht kein Name."

„Na ja, vielleicht sollen wir ihm ja einen
Namen geben?", vermutete Anne. „Wie
findest du Bällchen?"

„Bällchen?", wiederholte Philipp. „Auf
gar keinen Fall!"

„Na gut, okay ... was hältst du von Fly
Ball? Der Ball ist doch vom Himmel zu uns
heruntergefallen."

„Du meinst wie dieser Baseball-Begriff
für einen Ball, der hoch in die Luft
geschlagen wird?", fragte Philipp.

Anne nickte.

Philipp lächelte. „Das passt!", fand
er und steckte Fly Ball wieder in den
Rucksack. „Bist du bereit?"

„Klar! Ich wette, das wird super und
macht irre viel Spaß!", antwortete Anne.

Philipp deutete auf das Foto von
Brooklyn, einem Stadtteil von New York.
„Ich wünschte, wir wären dort!", sagte er.

Wind kam auf.

Das Baumhaus fing an, sich zu drehen.

Es drehte sich schneller und immer
schneller.

Dann war alles wieder still.

Totenstill.

Der erste Spieltag 

Ein Frühlingswind wehte in das Baumhaus. Der Himmel war bewölkt.

„Hey, wir haben ja Baseballklamotten an!", rief Anne.

Ihre Kleidung hatte sich auf zauberhafte Weise verändert. Jetzt trugen die zwei Geschwister Baseballschuhe, Kniestrümpfe und weite weiße Hosen. Philipps Rucksack hatte sich in eine Ledertasche verwandelt.

„Sieh dir das an!", entfuhr es Anne.

Sie wies auf das Wort „Batboy", das auf ihren Pullis stand.

„Oh", sagte Philipp mit einem Stirnrunzeln. „Wir werden also großartige Batboys." Er klang enttäuscht. „Dann werden wir also gar nicht selbst zu großartigen Spielern, sondern kümmern uns nur um die Ausrüstung und tragen die Baseballschläger der Spieler."

„Keine Sorge", sagte Anne. „Ich bin mir sicher, dass Morgan sich etwas dabei gedacht hat. Wenn wir großartige Batboys werden und uns gut um die Ausrüstung und die Versorgung der Spieler kümmern, dann hilft uns das bestimmt auch dabei, tolle Spieler zu werden."

„Aber du kannst kein Bat*boy* sein, du bist doch gar kein Junge", wandte Philipp ein. „Und damals gab es noch keine Bat*girls*."

„Keine Sorge", beruhigte Anne ihren Bruder. „Weißt du noch? Solange wir diese Kappen aufhaben, wird jeder uns als das sehen, was wir zu sein vorgeben."

„Stimmt ja!", fiel es Philipp wieder ein.

Anne und Philipp nahmen ihre Kappen und setzten sie auf.

„Irre!", sagte Anne mit einem breiten Grinsen.

„Ja, echt irre!", fand auch Philipp. Er war aufgeregt und zuversichtlich zugleich. „Ich habe das Gefühl, als ob ich jetzt alles über Baseball wüsste!"

„Ich auch!", bestätigte Anne.

„Und ich kann es gar nicht erwarten, endlich nach Ebbets Field zu kommen!", sagte Philipp. „Komm, wir gehen!"

Er steckte das
Baseball-Buch in
seine Ledertasche
und kletterte die
Strickleiter hinab.

Dann standen
Philipp und
Anne unten auf
dem Boden. Sie
waren inmitten
einer Baumgruppe
gelandet. Nicht weit
entfernt standen
einige Steinbänke
und ein Brunnen
plätscherte. Auf
dem Rasen und
auf den Wegen
spielten Kinder.

„Sieht aus wie ein kleiner Stadtpark“,
meinte Philipp.

„Komm, wir fragen mal nach dem Weg“,
schlug Anne vor.

Als sie auf die Kinder zugingen, blies
ein Windstoß durch den Park.

„Pass auf!“, rief Philipp und hielt seine
Kappe fest.

Anne hatte ihre Kappe auch gepackt.

„Die dürfen wir auf gar keinen Fall
verlieren!“, sagte sie.

„Aber wirklich nicht!", meinte Philipp.

Sie gingen an einem Mann vorüber,
der Gitarre spielte und auf Spanisch dazu
sang. Einige Kinder saßen im Kreis und
spielten gemeinsam. Der Spieler, der dran
war, musste erst einen kleinen Ball in die
Höhe werfen. Dann musste er mit der
gleichen Hand kleine Metallsternchen
vom Boden aufheben und den Ball
schließlich auch wieder fangen.
Eine andere sehr laute Gruppe
von Kindern spielte mit
Murmeln.

„Hey, guckt mal! Da kommen zwei Bat-
boys!", rief eines der Kinder.
Die anderen schauten rüber und winkten
Philipp und Anne zu.

Anne lächelte. „Hörst du? Die glauben
wirklich, dass ich ein Junge bin", meinte
sie begeistert. „Der Zauber wirkt!"
„Cool", sagte Philipp und grinste.
„Aber für mich siehst du aus wie immer."
„Du siehst für mich auch aus wie
immer!", erwiderte Anne. „Aber vielleicht
sehen wir beide immer den wahren Kern
voneinander?"
Anne wandte sich an die Kinder, die
Murmeln spielten.

„Entschuldigung, wo geht es nach Ebbets Field?", fragte sie.

„Dort lang!", antwortete eines der größeren Kinder und deutete durch den Park. „Sobald ihr auf der Straße seid, sind es nur noch einige Blocks nach Osten."

„Aber ihr solltet euch besser beeilen", rief ein kleines Mädchen. „Das Spiel fängt um halb drei an."

„Und wie spät ist es jetzt?", wollte Philipp wissen.

Einer der Jungen sah auf seine Armbanduhr. „Jetzt ist es halb zwei", rief er.

„Oh Mann, wir sind echt spät dran!", sagte Philipp. „Wir hätten schon um ein Uhr dort sein sollen, um uns um alle Aufgaben zu kümmern. Los, renn!"

„Schnell!", rief Anne.

Die Geschwister hielten ihre Kappen fest und rannten durch den windigen Park.

„Batboys! Batboys! Wartet auf uns!", rief jemand den beiden hinterher.

Philipp und Anne blieben stehen und sahen sich um.

Die beiden kleinsten Murmelspieler
kamen hinter ihnen her. Philipp schätzte,
dass das Mädchen und der Junge etwa
sechs Jahre alt waren.

„Tut uns echt leid, aber wir haben es
wirklich eilig!", schrie Philipp den beiden
zu.

„Aber wir können euch helfen!", rief
das Mädchen. „Wir kennen eine Abkürzung!"

„Echt?", fragte Anne.

„Ja", versicherte der Junge. „Wir
gehen nämlich oft nach Ebbets Field.
Hier entlang!"

Die beiden kleineren Kinder drehten
sich um und liefen einen unbefestigten
Weg entlang. Anne und Philipp rannten
hinterher.

„Wie heißt ihr beide?", wollte das
Mädchen wissen.

„Philipp und An…Andy", antwortete
Anne. „Und ihr?"

„Ich heiße Olive", stellte das Mädchen
sich vor. „Und das hier ist mein Zwillings-
bruder Otis."

„Zwillinge? Wie cool!", fand Anne.

„Heute ist ein bedeutsamer Tag in der
Geschichte des Baseballs!", erklärte
Otis.

„Das haben wir auch schon gehört",
bestätigte Philipp.

„Ich wäre so gerne auch ein Batboy
wie ihr beide!", sagte Otis.

„Mein Bruder Otis und ich kennen alle
Regeln beim Baseball ganz genau!",
verkündete Olive stolz.

Die Zwillinge gingen jetzt eine viel befahrene Straße am Rand des Parks entlang. Altmodische Autos ratterten die breite Allee rauf und runter. Die riesigen Automobile hatten mächtige runde Motorhauben und überall glänzenden silbrigen Chrom. Neben den Autos fuhr eine Straßenbahn auf ihren Schienen.

Philipp und Anne standen zusammen mit den Zwillingen an der Ecke und warteten darauf, dass die Ampel umsprang. Ganz in der Nähe war ein Kiosk, der Zeitungen verkaufte. Philipp las die Schlagzeile:

„Hey, Anne, schau mal!“ Philipp zeigte auf die Zeitung. „Wir werden heute bei einem Spiel in der Profiliga arbeiten!“

„Profiliga? Ist ja irre!“, staunte Anne.

„Das habt ihr gar nicht gewusst?“, wunderte sich Olive.

Anne wandte sich an ihren Bruder. „Ich habe gedacht, die Braves wären von Atlanta und die Dodgers von Los Angeles?“

„Nicht im Jahr 1947!“, antwortete Philipp.

„Das habt ihr auch nicht gewusst?“, fragte Otis verblüfft.

„Rotes Licht für die Autos!“, schrie Philipp. „Los geht’s!“

„Wir müssen uns an die Hand nehmen!“, rief Olive und ergriff Annes Hand. Otis hielt Philipps Hand. „Passt auf die Straßenbahn auf!“

Philipp, Anne und die Zwillinge rannten über die Straße auf die andere Seite.

„Gut gemacht!“, lobte Otis.

„Und wohin jetzt?“, fragte Philipp ein wenig atemlos.

„Wir bringen euch hin", meinte Olive.
„Los, wir rennen!"

„Danke", sagte Philipp.

Er mochte die beiden freundlichen
Kinder.

Philipp und Anne hielten ihre Kappen
fest, während sie dem Wind entgegen-
rannten. Sie folgten Olive und Otis, die
erst eine Straße hinabliefen und dann
die nächste.

„Und jetzt um die Ecke!", wies Olive sie
an.

Gemeinsam bogen sie in eine lebhafte
Straße voller Menschen ein.

„Dort!", sagten die Zwillinge gleich-
zeitig.

Direkt vor ihnen tauchten die hohen
Backsteinmauern des Stadions auf.
„Ebbets Field" stand ganz oben an
der abgerundeten Wand. Eine riesige
Menschenmenge drängte ins Innere
des Stadions.

„Super", stieß Anne ganz außer Atem hervor. „Danke, dass ihr uns diese tolle Abkürzung gezeigt habt, Leute!"

„Wir sind noch nicht ganz da", sagte Olive. „Kommt mit!"

„Heute ist ein wichtiger Tag in der Geschichte des Baseballs!", wiederholte Otis. „Ein richtig bedeutsamer Tag!"

Nimm mich mit zum großen Spiel

Die Zwillinge führten Anne und Philipp zum Eingang des Stadions. Dort mischten sie sich unter die Menschenmenge, die in eine große Eingangshalle strömte. Der Raum hatte marmorne Wände und von der Decke hing eine Lampe, die aus Baseball-schlägern gefertigt war. Über dem Fenster des Kassenhäuschens klebte ein Schild, auf dem stand:

„Oje!", murmelte Philipp.
Die Geschwister suchten in den Taschen ihrer Baseball-Uniformen.

„Wir haben gar kein Geld!", stellte Anne fest.

„Wir auch nicht", sagte Otis. „Aber wir brauchen auch keins, weil …"

„Batboys!"

Ein hochgewachsener Mann in einer Uniform lief eilig auf sie zu. Er trug einen Anstecker mit der Aufschrift: Sicherheits-dienst.

„Das sind wir", antwortete Philipp.

„Ihr seid spät dran!", sagte der Sicher-heitsmann. „Der Manager des Gäste-Klubhauses sucht euch schon über-all. Seht zu, dass ihr euch dort meldet!"

„Ja, Sir!"

Philipp wusste ganz genau, was der Mann meinte. Das Klubhaus war der Ort im Stadion, an dem die auswärtige Mannschaft sich auf das Spiel vorbereitete.

„Warten Sie", bat Anne. „Dürfen unsere beiden Freunde mitkommen und sich das Spiel umsonst anschauen? Sie haben uns geholfen und ..."

„Natürlich nicht!", unterbrach der Sicherheitsmann sie ungeduldig. „Jeder muss bezahlen, es sei denn, man gehört irgendwie zum Spiel dazu. Los, kommt jetzt!"

Der Mann ging auf ein Drehkreuz zu.

„Tut mir leid“, bedauerte Philipp, „aber wir können euch nicht helfen!“

„Das macht nichts“, antwortete Otis. „Wir schauen immer von der Bedford Avenue aus zu. Wir legen uns auf den Bürgersteig und …“

„… und spähen unter dem Tor hindurch“, ergänzte Olive.

„Von da aus können wir den größten Teil des Mittelfeldes sehen“, berichtete Otis. „Und ein wenig vom linken Feld.“

„Hey, Batboys!“, rief der Sicherheitsmann.

„Wir müssen los“, sagte Philipp. „Vielen Dank!“

„Ja, tausend Dank!“, sagte auch Anne.

Dann eilten Anne und Philipp durch das Drehkreuz und folgten dem Sicherheitsmann. Sie gingen eine Schräge hinauf und betraten das Stadion.

„Ihr arbeitet für die Braves“, erklärte der Sicherheitsmann. „Ich hole den Manager des Gäste-Klubhauses. Ihr wartet hier.“

Mit diesen Worten ging er davon.

„Oh Mann!" Philipp holte tief Luft.

Dann schauten Anne und er sich um. Verglichen mit der kleinen Baseballanlage zu Hause war Ebbets Field gigantisch.

Fans füllten die Ränge. Eine Band spielte das Lied „Nimm mich mit zum großen Spiel". Der Wind trug den Duft von gebrannten Erdnüssen, Hotdogs

und gerösteten Zwiebeln zu ihnen
herüber. Unten auf dem Spielfeld standen
Schiedsrichter in dunklen Anzügen und
sprachen miteinander.
    Am Rand des Spielfeldes warfen
Mannschaftsmitglieder einander Bälle
zu. Die Männer trugen alle Trikots, auf
denen in blauen Buchstaben DODGERS
stand.

„Schau mal, die Batboys der Dodgers helfen ihrem Team beim Aufwärmen“, sagte Anne.

„Diese Batboys sind ja locker doppelt so alt wie wir!“, stellte Philipp fest.

„Habe ich auch schon gesehen“, bestätigte Anne. „Ich glaube, unsere Kappen lassen uns auch älter aussehen, sodass alle meinen, wir wären ebenfalls schon Teenager.“

„Das ist doch unglaublich, oder?“ Philipp lächelte. Er fand es super, älter auszusehen. Und er fand es super, dass sie bei einem Spiel in der Profiliga arbeiten sollten. Er fand Ebbets Field super und er fand es auch super, wie es hier roch und aussah und klang!

„Die Fans hier haben sich wirklich ganz schön in Schale geworfen“, stellte Anne bewundernd fest.

Die Männer und Jungen auf der Tribüne trugen alle Anzüge und Hüte. Die Frauen und Mädchen hatten Kleider an, eine Jacke drüber und weiße Handschuhe an den Händen. Das war total anders als zu

Hause in Pepper Hill. Bei ihnen zu Hause
trugen sowohl die Erwachsenen als auch
die Kinder Jeans, Shorts oder Trainings-
hosen.

Dann fiel Philipp noch etwas auf, das
hier anders war als bei ihnen zu Hause:
Hier füllte sich die eine Hälfte der Ränge
mit Menschen, die vornehmlich eine weiße
Hautfarbe hatten. Und die andere Hälfte
der Ränge mit Menschen, die vorwiegend
eine dunkle Hautfarbe hatten. In Pepper
Hill hingegen saßen die Leute – ganz
gleich, welche Hautfarbe sie hatten –
alle zusammen.

Anne deutete
auf einen schwarzen
Spieler der Dodgers,
der Autogramme
auf Bälle gab.

„Wer ist das
denn?", fragte
sie.

Schwarze
Fans riefen
und winkten
dem Spieler zu.
Reporter wollten
ein Interview
mit ihm und ein
Fotograf schoss
Fotos.

„Keine Ahnung, wer das ist", antwortete
Philipp. „Aber er muss ein echter Star
sein!"

„Hey, Batboys!", rief jemand. „Ihr seid
zu spät."

Philipp und Anne wirbelten herum.

Ein kleiner drahtiger Mann kam auf
sie zu.

„Das ist bestimmt der Manager des
Gäste-Klubhauses", dachte Philipp.

„Ihr habt nur noch vierzig Minuten",
brüllte der Mann. „Die Braves werden
jeden Augenblick hier sein. Ihre Ausrüstung ist gerade schon vom Bahnhof
hierhergeliefert worden." Er zeigte auf
die Tür des Klubhauses. „Geht rein und
macht euch an die Arbeit!"

„Ja, Sir", riefen Philipp und Anne.

Ohne ein weiteres Wort eilten sie in
das Klubhaus der Gastmannschaft.

Und dann machten sie sich an die
Arbeit.

Gute Arbeit, Jungs! 

Philipp und Anne wussten ganz genau, was sie tun mussten. Philipp hatte das Gefühl, als ob er schon sein ganzes Leben lang ein Batboy gewesen wäre. Zuerst hängte er seine Ledertasche an einen Haken. Dann wandten Anne und er sich den Kisten mit der Ausrüstung zu, die aufgereiht neben der Tür standen.

Als Erstes nahmen sie sich die Kiste vor, die mit „Uniformen" beschriftet war. Sie klappten den Deckel auf und nahmen die weißen Trikots heraus, auf denen in roten Buchstaben BRAVES stand.

Gemeinsam hängten sie alle Uniformen in die Spinde. Sie arbeiteten zügig und waren gerade fertig, als die Braves eintrafen.

Alle Männer lachten und scherzten miteinander, während sie ins Klubhaus strömten. Aber keiner von ihnen sprach mit Philipp oder Anne. Niemand streifte die beiden auch nur mit einem Blick.

BOY
22

Philipp und Anne beachteten die Spieler der Mannschaft auch nicht weiter. Dank ihrer magischen Kappen kannten sie die Regeln ganz genau: *Batboys stören niemals die Spieler und stehen nicht im Weg rum.*

Als Nächstes klappte Philipp die Ausrüstungskiste auf, die mit „Stollenschuhe und Helme" beschriftet war. Gemeinsam mit Anne nahm er die Baseballschuhe und Helme heraus.

Mit Tüchern rieben sie über alles noch einmal drüber, ehe sie die Schuhe in einer Reihe vor die Bänke stellten.

Dann liefen die Geschwister zur Kiste, in der sich die Schläger befanden. Gemeinsam schoben sie die Kiste aus dem Gäste-Klubhaus zum Spielfeld.

„Upps! Schau mal auf die Uhr!", rief Anne. Sie deutete auf eine große Uhr über der Anzeigetafel. „Wir haben nur noch zwanzig Minuten, ehe das Spiel anfängt."

„Und noch so viel zu tun!", antwortete Philipp. „Wir müssen Gas geben!"

Sie schoben die Kiste zum Unterstand der Gastmannschaft vor der Tribüne. Dann machten sie sich, im Wettlauf gegen die Uhr, an ihre übrigen Aufgaben. In Windeseile packte Philipp die Schläger aus der Kiste und reichte sie weiter an Anne, die sie in das für die Schläger vorgesehene Gestell im Unterstand einordnete.

Anschließend rannten sie zurück ins Klubhaus und packten eine weitere Kiste aus, in der sich die Erste-Hilfe-Ausrüstung, Schienbeinschoner und der große Lederhandschuh des Catchers befanden, den er brauchte, um die Bälle zu fangen. Auch dessen Gesichtsschutz und mehrere Schachteln mit Kaugummi waren in der Kiste. Das alles brachten sie ebenfalls zum Unterstand der Braves.

Mittlerweile hatte die Heimmannschaft, die Brooklyn Dodgers, das Spielfeld verlassen. Die Boston Braves hatten mit dem Aufwärmen begonnen. Der Lärm im Stadion war ohrenbetäubend und die Ränge waren voll besetzt.

„Hey, Batboys!", rief ein Mädchen.

„Besorgt uns einen Ball mit Unterschrift!", schrie ein Junge.

Philipp schaute hoch. Die Kids schrien von der Zuschauertribüne zu ihnen herunter.

„Einen Ball mit Autogramm!"

„Bitte! Bitte!"

„Tut uns leid!", rief Anne zurück.

Philipp schüttelte den Kopf. Alle beide kannten sie die Regel: *Batboys tun einem Fan niemals einen Gefallen.*

Philipp und Anne liefen zurück ins Klubhaus und holten Handtücher aus einer Kiste. Sie füllten einige Krüge mit Leitungswasser und packten die Bälle in einen Segeltuchsack. Dann brachten sie alles zum Unterstand und stellten jeden Gegenstand an seinen Platz.

„Uniformen, Stollenschuhe, Schienbeinschoner, Gesichtsschutz …", zählte
Anne auf.

„Wasser, Erste-Hilfe-Ausrüstung,
Schläger, Handtücher, Bälle, Kaugummi",
ergänzte Philipp. „Fehlt noch etwas?"

„Nein, wir haben es geschafft!", sagte
Anne mit einem Blick auf die Uhr.

Es war vierzehn Uhr fünfundzwanzig.
In fünf Minuten sollte das große Spiel
beginnen.

„Gute Arbeit, Jungs!", lobte der Manager
des Gäste-Klubhauses im Vorübergehen.

„Danke!", sagte Anne.

Die Geschwister liefen rasch zu ihren
Plätzen im Unterstand.

Die Spieler der Boston Braves saßen
ganz in der Nähe und wirkten angespannt.
Einige machten ein finsteres Gesicht und
verschränkten die Arme. Andere kauten
Kaugummi oder wippten mit den Füßen.

Eine Stimme ertönte aus dem Laut-
sprecher und bat: „Sehr verehrte Damen
und Herren, bitte erheben Sie sich für die
Nationalhymne!"

Die Menge
stand auf. Die
Spieler traten aus
ihrem Unterstand
und drückten
sich die Baseball-
kappen an die
Herzen.

„Oh nein!",
dachte Philipp.
Anne und er
konnten ihre
magischen
Kappen doch
nicht abnehmen!
Wenn sie das

täten, würde jeder sehen, dass sie eigentlich Kinder waren – und dass Anne ein Mädchen war!

Anne fasste ihren Bruder am Arm und zog ihn zurück in den Schatten des Unterstandes. Dort legten sie die Hände auf ihre Herzen. Philipp hoffte inständig, dass keiner der Spieler sich umdrehen und zu ihnen schauen würde.

Mit tiefer, dunkler Stimme sang ein Mann „Das sternenbesetzte Banner", so heißt die amerikanische Nationalhymne:

Oh sagt, könnt ihr sehen
im frühen Licht
der Morgendämmerung,
was wir so stolz grüßten
im letzten Schimmer
des Abendlichts?

Nervös beobachtete Philipp die Flagge, die im Wind flatterte.

„Beeilung, Beeilung!", dachte er.

Schließlich kam der Sänger zu den letzten Zeilen:

*Oh sagt, weht dieses
sternenbesetzte Banner
noch immer
über dem Land der Freien
und der Heimat der Tapferen?*

Die Nationalhymne war zu Ende. Alle Spieler setzten ihre Kappen wieder auf.

Der Schiedsrichter, der an der Home Base stand, eröffnete das Spiel. „Play ball!", rief er.

Damit hatte das Spiel begonnen.

„Puh!", sagte Philipp zu Anne, als sie wieder aus dem Unterstand hervortraten.

Es war laut im Stadion. Fans jubelten, es wurde gehupt und geklingelt.

„Bis später!", verabschiedete sich Anne.

„Bis dann", erwiderte Philipp.

Sie wussten alle beide ganz genau, was sie zu tun hatten.

Anne war für die Baseballschläger zuständig. Sie rannte auf das Spielfeld und kniete sich hin, bereit, jeden Schläger aufzuheben und einzusammeln, den ein Spieler an der Home Base fallen ließ.

Die Home Base war der Anfangs-
und der Endpunkt für die Spieler der
Mannschaft, die gerade angreifen
durfte.

Philipp hingegen war für die Bälle
zuständig. Er schleppte den Segeltuchsack zu einem Hocker am Rand des
diamantförmigen Spielfeldes und setzte
sich.

Ein böiger Wind fegte über Ebbets
Field.

Philipp zog sich seine Kappe tief in die Stirn und lehnte sich nach vorne, um das Spiel zu beobachten. Sein Herz schlug schnell.

„Jetzt fängt der schwierige Teil an", dachte er.

Werft ihn raus! 

Mit Argusaugen behielt Philipp alle Spieler im Blick. Er sah zu, wie die Dodgers ihre Positionen auf dem Spielfeld einnahmen.

Der Batter der Braves bereitete sich darauf vor, den Ball zu schlagen. Der Pitcher der Dodgers, die in diesem Spielzug in der Verteidigung spielten, konzentrierte sich auf seinen ersten Wurf.

Philipp beobachtete, wie der Batter einen Schläger auswählte und zur Home Base ging.

Der Pitcher holte aus und warf.

Der Batter der Braves traf den Ball mit seinem Baseballschläger und schlug ihn mit aller Kraft – er landete im Seitenaus.

„Foul Ball!", entschied der Schiedsrichter.

Philipp sprang auf und sprintete los, um den Ball zu holen, den er dann mühelos dem Schiedsrichter an der Home Plate zuwarf. Anschließend kehrte er zu seinem Hocker zurück.

Immer wieder fegte eine Windböe durch das Stadion. Und jedes Mal hielt Philipp rasch seine Kappe fest, damit sie nicht davonfliegen konnte.

Der Pitcher warf einen weiteren Ball.

Der Batter schwang seinen Schläger und verfehlte ihn.

„Strike!", kommentierte der Schiedsrichter.

Der Pitcher warf noch einmal.

Der Batter traf den Ball, der auf dem Boden aufprallte. Der Batter ließ seinen Baseballschläger fallen und rannte auf die Erste Base zu.

Der Pitcher fing den Ball, warf ihn und sein Mannschaftskollege auf der Ersten Base fing ihn – ganz kurz bevor der Batter die Erste Base erreicht hatte.

„Out!", rief der Schiedsrichter an der Ersten Base. Der erste Spieler der Braves war damit raus.

Die Fans der Dodgers jubelten. Die Fans der Braves buhten.

Anne hob den Schläger des Spielers auf und brachte ihn zurück in den Unterstand.

Philipp rannte zur Home Base und reichte dem Schiedsrichter dort neue Bälle.

Das Spiel ging weiter. Philipp und Anne waren immer mittendrin – aber sie standen nie jemandem im Weg.

Anne sammelte alle Schläger ein, die die Spieler fallen ließen, und stellte sie zurück in den Unterstand der Braves.

Philipp hatte ein Auge auf die Bälle. Er zählte mit, wie viele auf die Tribünen flogen. Er rannte den ins Aus geschlagenen Bällen hinterher und brachte dem Schiedsrichter drei neue Bälle, wenn drei geschlagen worden waren.

Die Fans jubelten und buhten. Wenn die Musiker auf der Tribüne mit der Entscheidung eines der Schiedsrichter nicht einverstanden waren, spielten sie das Lied „Drei blinde Mäuse".

Schließlich hatten die Braves dreimal ein „Out" kassiert. Jetzt durften die Dodgers schlagen. Das bedeutete, dass nun deren Batboys sich um die Bälle und Schläger kümmern mussten.

Philipp und Anne liefen rasch zum Klubhaus, um noch mehr Wasser und Handtücher für ihr Team zu holen.

„Hey, Junge!" Ein Trainer der Braves zeigte auf Philipp. „Geh rüber zur Linie."

Philipp verstand sofort. Er hielt seine Kappe fest und joggte raus zum Rand des Spielfelds. Dort setzte er sich auf einen Hocker in der Nähe der Tribüne.

Wenige Minuten später rollte ein Ball ins rechte Feld. Philipp rannte los, schnappte ihn sich und schmiss ihn mit einem perfekten Wurf zu einem der Dodger-Batboys.

„Ja!", jubelte Philipp innerlich und konnte es kaum abwarten, noch mal zu werfen.

Er setzte sich wieder auf seinen Hocker, hielt die Kappe auf dem Kopf fest und wartete darauf, dass noch weitere Bälle in sein Feld rollten.

Doch während die Dodgers schlugen, rollten keine weiteren Bälle mehr in Philipps Richtung. Zum ersten Mal hatte er Zeit nachzudenken: „Wieso hat Morgan uns ausgerechnet zu diesem Spiel geschickt?", überlegte er. „Und wieso hat sie geschrieben, dass heute ein wichtiger Tag in der Geschichte des Baseballs sei? Warum hat auch Otis gesagt, heute sei ein großer Tag?"

Bislang fand Philipp eigentlich, dass
es ein ziemlich durchschnittliches Spiel
war. Vielleicht sogar ein bisschen lang-
weilig.

Was er nicht begriff, war, wie seine
Arbeit als Batboy ihm dabei helfen sollte,
ein großartiger Spieler zu werden. Er hatte
zwar ein paar Bälle geworfen, aber einen
Schläger würde er hier keinesfalls in die
Finger bekommen.

„Hey, Batboy!", rief ihm ein Junge von
der Tribüne aus zu.

„Schon wieder Souvenir-Sammler!",
dachte Philipp.

„Ein Ball mit einem Autogramm!", rief
ein anderer Junge.

Philipp beachtete die beiden überhaupt
nicht. Er schaute nicht einmal über seine
Schulter.

„Eine Dodgers-Kappe!"

„Eine Braves-Kappe!"

„Deine Kappe!"

Die Bettelei wurde drängender und auf-
dringlicher und schließlich kamen sogar
Beschimpfungen.

„Geh wieder heim!"

„Geh dahin, wo du herkommst!"

„Was meinen die?", überlegte Philipp. „Woher wissen die, dass ich aus Pepper Hill bin?"

Er versuchte, das Geschrei zu ignorieren, aber die Rufe waren jetzt anders. Sie klangen auf einmal böse und gemein. Die Stimmen klangen wie die von Erwachsenen, nicht wie die von Kindern.

„Du gehörst hier nicht her!"

„Werft ihn raus!"

Nun wurde Philipp langsam sauer. Das war jetzt weitaus schlimmer als einfach nur nervig.

„Raus hier!", schrie ein anderer.

Da hielt es Philipp nicht länger aus. Er fuhr herum und schrie zurück: „Selber raus hier!"

Zu seiner Überraschung stellte Philipp fest, dass die Rufer gar nicht ihn meinten. Sie schauten ihn noch nicht einmal an.

„Gebt dem keinen Schläger!", schrie einer.

„Werft ihn endlich raus!", brüllte ein
anderer.

Die Leute beschimpften einen Spieler
der Dodgers, der sich gerade bereit
machte zu schlagen. Viele Menschen
auf der Tribüne jubelten ihm zwar auch
zu, aber einige wenige schrien ihm sehr
gemeine Dinge hinterher.

„Aber wieso?" Philipp schaute sich um.

Dieser Batter war der dunkelhäutige
Spieler, den er vorhin schon gesehen
hatte. Es sah so aus, als ob er der einzige
schwarze Spieler auf diesem Platz war.

„Ist das etwa der Grund dafür, dass diese Leute so brüllen?", überlegte Philipp.

Der Batter schlug einen Ball zur Dritten Base, einem der vier quadratisch angeordneten Laufmale auf dem Spielfeld. Der Spieler an der Dritten Base fing den Ball und warf ihn zurück zur Ersten Base.

„Out!", rief ein Schiedsrichter wieder, der Spieler war raus.

„Raus! Stimmt! Genau, schmeißt ihn raus!", kreischte eine Frau.

Philipp war verblüfft – er begriff es nicht.

Der Spieler ignorierte die Beleidigungen. Er ging ruhig und hocherhobenen Hauptes zurück zum Unterstand.

Philipp hätte zu gerne mit diesem Spieler gesprochen. Er wollte ihm etwas Nettes und Tröstendes sagen.

Jetzt schlug ein anderer Spieler einen Ball. Der Ball kam auf dem Boden auf und rollte ins linke Feld außerhalb der Markierung.

„Foul!", rief der Schiedsrichter. Der Ball war im Aus.

Philipp rannte los, um ihn zu holen.

Im gleichen Moment sprang ein Junge
über die Brüstung der Zuschauertribüne
und rannte dem Ball ebenfalls hinterher.
Philipp erreichte den Ball als Erster.
Doch als er sich bückte, blies ihm der
Wind die Kappe vom Kopf.
    Der andere Junge schnappte sich
Philipps Kappe und lief davon.

Verschwindet! 

„Hey!", schrie Philipp. „Gib die zurück!"

Philipp musste seine Kappe unbedingt wiederhaben! Aber zuerst musste er den Ball, den er in der Hand hielt, loswerden.

Ein Batboy der Dodgers, der auf der Home Base stand, hielt seinen Fanghandschuh hoch, um zu zeigen, dass er bereit war, den Ball zu fangen. Philipp wollte ihm den Baseball zuwerfen. Doch der Ball kam nicht weit. Fast hätte er den Schiedsrichter an der Ersten Base getroffen.

Der Schiedsrichter brüllte Philipp an, und einige Fans auch.

Philipp erschrak und wusste nicht, was er tun sollte. Er sah sich nach dem Jungen um, der seine Kappe gestohlen hatte, doch der war längst weg.

Der Schiedsrichter rief einem der Sicherheitsmänner, die an den Seitenlinien standen, etwas zu. Der Mann lief auf Philipp zu.

Philipp rannte am Spielfeldrand entlang
zum Unterstand. Er musste zu Anne. Sie
mussten das Stadion unbedingt verlassen!

Doch im Unterstand der Braves war Anne
nicht. Philipp lief weiter zum Klubhaus.
Dort griff er sich seine Ledertasche und
warf sie sich über die Schulter. Dann
schaute er sich hektisch um.
   Es war niemand da.
   „Anne!", rief Philipp. „Anne!"
   „Was ist?", rief sie zurück.
   Philipp sauste um eine Ecke und sah,
dass Anne gerade in der Küche stand
und Wasserkrüge auffüllte.

„Wir müssen hier weg!", drängte
Philipp. „Ein Junge hat meine Kappe
geklaut und ein Sicherheitsmann ist
hinter mir her."
„Oh nein!", sagte Anne.
Die Tür des Klubhauses flog auf.
Anne lief zu Philipp, riss sich ihre Kappe
vom Kopf und setzte sie ihm auf. Dann
versteckte sie sich hinter der Tür.
Der Sicherheitsmann und der Manager
des Klubhauses bogen um die Ecke und
kamen in die Küche.

„Hallo, Junge", sagte der Sicherheitsmann und nickte Philipp zu.

Es war der gleiche Mann, der sie zuvor
ins Stadion gebracht hatte.

„Hallo!", erwiderte Philipp.

Durch Annes Kappe war er auf einmal
wieder ruhig und zuversichtlich.

„Hast du einen kleinen Jungen hier
hereinkommen sehen?", fragte der
Sicherheitsmann.

„Einen kleinen Jungen?", fragte Philipp
zurück.

„Einen dünnen, kleinen Jungen mit
einer Brille", bestätigte der Mann. „Er hat
verbotenerweise das Spielfeld betreten."

„Oh nein, Sir", antwortete Philipp und
schüttelte den Kopf. „Einen dünnen,
kleinen Jungen habe ich hier nicht
gesehen."

„Na gut, dann sehen wir uns draußen
weiter um", schlug der Sicherheitsmann
dem Manager des Klubhauses vor.

Als sie sich gerade zum Gehen wandten,
entdeckte der Manager Anne hinter der
Tür.

„Hey, was machst du denn hier, junge
Dame?", fragte er.

„Ich bin ein Batboy", erwiderte Anne.

„Du? Niemals. Du bist doch ein Mädchen!", sagte der Manager.

„Du darfst hier nicht sein", schimpfte der Sicherheitsmann. „Das kann uns unsere Jobs kosten!"

„Warten Sie", bat Philipp.

Er riss sich die magische Kappe vom Kopf und warf sie Anne zu.

Anne setzte die Kappe auf und sagte: „Sehen Sie? Ich bin ein Batboy!"

Der Klubmanager und der Sicherheitsmann schauten verwirrt drein und blinzelten in Annes Richtung.

„Stimmt, jetzt sehe ich das auch", grummelte der Manager. „Wir suchen besser draußen weiter."

Doch als der Mann sich umwandte und Philipp sah, stutzte er. „Warte mal, du bist doch der kleine Junge, den wir suchen!"

„Nein, das ist er nicht!", widersprach Anne. „Er ist ein Batboy."

Sie zog sich die magische Kappe vom Kopf und versuchte, sie Philipp wieder aufzusetzen.

Aber der Sicherheitsmann riss sie ihr aus der Hand. „Die nehme ich jetzt!"

„Ich habe keine Ahnung, was hier eigentlich vorgeht", sagte der Manager kopfschüttelnd, „aber ihr zwei müsst raus hier, und zwar sofort!"

„Äh, können wir nicht erst noch die Wasserkrüge zu den Spielern bringen? Die Mannschaft ist sicher durstig!"

„Nein!", riefen die beiden Männer gemeinsam.

„Bewegt euch", befahl der Manager.

Philipp und Anne gingen zur Tür.

Als sie aus dem Klubhaus raus waren, deutete der Sicherheitsmann zum Ausgang.

„Dort entlang!", sagte er.

Mit gesenktem Kopf ging Philipp neben seiner Schwester her. Die zwei Männer liefen hinter ihnen.

„Hoffentlich guckt niemand her", dachte Philipp.

Als jemand lachte, war er sicher, dass die Leute über ihn lachten.

„Beeilung!", raunzte der Manager.

Die Geschwister betraten die Rampe. Sie gingen vor dem Manager und dem Sicherheitsmann her durch das Drehkreuz und befanden sich wieder in der großen runden Eingangshalle. Die Kartenverkäufer starrten sie an, als sie durch die Halle gingen. Die beiden Männer brachten sie bis zu einer der großen Türen, die nach draußen führten.

Draußen auf der Straße blieb Anne stehen, drehte sich um und sagte zu dem Manager: „Sir, wissen Sie noch …“

„Weitergehen!“, befahl der Wachmann.

„… wissen Sie noch, als Sie gesagt haben: ‚Gute Arbeit, Jungs‘?“, fragte Anne. „Das haben Sie zu *uns* gesagt!“

Der Manager hörte gar nicht zu.

„Verschwindet!“, sagte er und zeigte auf die Straße. „Und kommt ja nicht noch einmal in die Nähe dieses Stadions! Nie wieder!“

Abkürzung zu einem guten Ort

Als Philipp und Anne auf dem Bürgersteig entlanggingen, frischte der Wind wieder auf.

„Jetzt ist der Wind egal", dachte Philipp niedergeschlagen.

„Das war ungerecht!", schimpfte Anne. „Wir haben so hart gearbeitet!"

„Wen interessiert das?", murmelte Philipp.

Ihm war übel. Dieser wunderbare Tag war auf einmal völlig verdorben. Morgans Plan hatte nicht geklappt. Sie beide hatten gar nichts darüber gelernt, was einen großartigen Baseballspieler ausmachte.

„Wir können doch jetzt nicht einfach wieder gehen", fand Anne. „Was ist mit Morgans Gedicht? Wir müssen unseren Baseball unbedingt noch verschenken – aber das können wir nur tun, wenn wir das Spielergebnis kennen."

Philipp drehte sich um.

Der Sicherheitsmann und der Manager
sahen ihnen immer noch hinterher.

„Hier in der Nähe können wir jeden-
falls nicht bleiben", stellte er fest. „Komm
weiter."

Sie gingen um das Stadion herum und
stießen auf der Bedford Avenue fast mit
zwei Kindern zusammen, die die Straße
entlangliefen.

„Oh, upps!", riefen die Kinder und wären
fast hingefallen.

„Oh, Entschuldigung!", sagte Philipp.

„Olive und Otis!", rief Anne überrascht.

„Das gibt's ja nicht!", sagte Philipp.

„Dass wir hier zufällig wieder zusammentreffen!", rief Anne.

„Gar nicht zufällig!", widersprach Olive. „Wir haben euch gesucht."

„Wir haben euch nämlich unter dem Tor hindurch beobachtet", erzählte Otis.

„Genau! Und Philipp hat sich vor unseren Augen verwandelt", sagte Olive. „In der einen Sekunde war er groß, dann auf einmal klein. Erst kann er den Ball supergut werfen, dann auf einmal nicht mehr."

„Und Andy ist erst ein großer Junge und im nächsten Augenblick ist er ein kleines Mädchen!", stellte Otis verwundert fest.

„So klein nun auch wieder nicht!", widersprach Anne.

Die Zwillinge lachten so sehr, dass sie fast hingefallen wären. Anne fing ebenfalls an zu lachen und auch Philipp lachte mit. Er konnte einfach nicht anders.

„Was ist mit euch passiert?", wollte Olive wissen.

„Das ist schwer zu erklären", sagte Anne.

„Sehr schwer!", bekräftigte Philipp, der immer noch nicht aufhören konnte zu lachen.

„Ich habt euch verwandelt, als ob ihr verzaubert worden wärt", stellte Otis fest.

„Das stimmt!", bestätigte Philipp. „Belassen wir es dabei!"

„Und was wollt ihr jetzt tun?", fragte Olive.

„Ich weiß es nicht", antwortete Anne. „Hier in der Nähe von Ebbets Field können wir nicht bleiben. Aber wir müssen unbedingt das Spielergebnis erfahren!"

„Oh, wir kennen einen guten Ort, an dem wir das Spielergebnis hören können", sagte Olive und sah ihren Bruder an. „Stimmt doch, oder?"

„Das stimmt!", bestätigte Otis, als ob er die Gedanken seiner Zwillingsschwester gelesen hätte.

„Wir versprechen euch, dass ihr das Spielergebnis von dort aus hören könnt!"

„Von wo aus?", fragte Philipp.

„Das werdet ihr zwei gleich sehen",

versprach Olive. „Kommt, wir nehmen uns
an der Hand, wenn wir die breite Straße
überqueren!"

Otis ergriff Annes Hand.

„Komm, Mädchen, wir gehen!", sagte er.

„Nenn mich Anne!", bat Anne.

„Komm, wir gehen, Anne-Mädchen!",
sagte Otis.

Die Zwillinge zogen Anne und Philipp
mit sich, weg von Ebbets Field. Beim
Überqueren der breiten Straße wichen sie
alle der Straßenbahn aus und sprangen
auf den Bürgersteig.

„Das war ja ganz schön brenzlig eben!",
meinte Philipp.

„Daher haben die Dodgers ihren Namen", erklärte Otis. „‚Dodge' ist doch das englische Wort für ‚ausweichen'. Die Fans der Dodgers müssen auf dem Weg zum Stadion nämlich immer vielen Straßenbahnen ausweichen."

„Echt?", fragte Philipp verblüfft. „Das habe ich gar nicht gewusst."

„Wo bringt ihr uns denn jetzt hin?", wollte Anne wissen.

„Zu einem ganz tollen Ort, an dem wir uns das Spiel anhören können", versprach Otis.

„Wir kennen eine Abkürzung", verkündete Olive.

„Das war mir klar!", sagte Philipp grinsend.

Die Zwillinge führten Philipp und Anne eine Straße entlang, vorbei an einem Fischgeschäft und einer Bäckerei. Sie kamen zu einem Süßigkeitenladen und tauchten in ein Labyrinth aus Straßen ein. Hoch über ihnen waren Leinen zwischen den Gebäuden gespannt, an denen die Wäsche im Frühlingswind wehte.

Sie rannten an einigen Mädchen vorüber, die Himmel und Hölle auf der Straße spielten.

„Hallo, Olive! Hallo, Otis!", riefen die Mädchen.

Dann gingen sie an einigen alten Männern vorüber, die Karten spielten.

„Hallo, Olive! Hallo, Otis!", riefen die Männer und winkten den beiden zu.

Schließlich führten die Zwillinge Philipp und Anne eine weitere Straße entlang in eine ruhige Gegend.

Vor einem kleinen Backsteinhäuschen blieben sie stehen.

„Wir sind da", sagte Otis. „Das ist das Oma-Haus."

„Das Oma-Haus?", wiederholte Philipp.

„Hier wohnen unsere Omas", erklärte Olive.

„Zwei echte Omas und eine Ururoma", sagte Otis.

„Und noch zwei Großtanten", ergänzte Olive.

„Irre. Ihr habt es echt gut, dass ihr sie alle auf einmal im gleichen Haus besuchen könnt!", fand Anne.

„Mama findet, dass sie uns verwöhnen", erzählte Otis. „Sie geben uns immer Kekse und Kuchen. Aber das Beste ist, dass wir bei ihnen Radio hören dürfen!"

„Kommt rein!", sagte Olive.

Sie öffnete die Tür und führte Anne und Philipp in das Oma-Haus.

„Safe!" – Base erreicht!

In dem kleinen Häuschen roch es nach frisch gebackenen Keksen und Kaffee. Der laute Klang eines Radios kam aus einem der hinteren Räume.

Die Zwillinge führten Philipp und Anne durch einen Flur zur Küchentür. Dort stand ein riesiges Radio auf dem Küchentisch. Vier Frauen saßen auf Stühlen davor und lauschten gespannt der Übertragung des Baseballspiels. Sie hörten so konzentriert zu, dass sie gar nicht zu merken schienen, dass Philipp, Anne und die Zwillinge hereingekommen waren.

Im Radio hörte Philipp das Brüllen der Zuschauer und die Band. Er hörte den Stadionsprecher sagen: „Fünfter Spielabschnitt! Der Spielstand lautet: Brooklyn Dodgers: eins. Boston Braves: eins."

„Die Nummer 42 betritt die Home Base", fuhr der Stadionsprecher fort.

„Komm schon, Jackie!", rief eine der Frauen. „Wir sind bei dir!"

„Mach einen Home Run für uns!", bat
eine andere. „Schlag den Ball, so weit du
kannst, aus dem Spielfeld raus!"
Aus dem Radio kam ein lautes Knacken.
„Die Nummer 42 schlägt den Ball",
rief der Radiosprecher. „Dick Culler
fängt den Ball! Out! Er wirft zur
Zweiten Base! Out!"

„Neiiiin!", brüllten die Frauen.
„Nummer 42 hat ein Double Play
geschlagen! Zwei Out!", verkündete der
Radiosprecher.
„Double Play?", flüsterte Anne ihrem
Bruder zu. „Das heißt, die Braves haben

in einem Spielzug zwei Spieler der
Dodgers auf einmal rausbefördert, oder?"

Philipp nickte.

Die Frauen stöhnten.

„Hoffentlich feuern sie ihn nicht!",
sagte eine.

Alle lauschten weiterhin gespannt.

Philipp hörte „Out!". Dann kam ein
„Safe!", was bedeutete, dass ein Spieler
vor dem Ball auf die Base gelangt war.
Er war also „sicher" und durfte auf dieser
Base bleiben.

Dann hörte Philipp, wie der Schläger
auf den Baseball traf. Der Radiosprecher
berichtete, dass der Ball aus dem
Spielfeld ins Aus geschlagen worden
war.

Er hörte, wie die Band „Drei blinde
Mäuse" spielte.

Wieder überlegte er, wieso der heutige
Tag ein so bedeutsamer Tag in der
Geschichte des Baseballs sein sollte.
Während des Spiels war bisher nichts
Besonderes passiert.

Aber die Frauen in der Küche ließen

sich kein einziges Wort des Radio-
sprechers entgehen.

„Er ist wieder dran!“, sagte eine.

„Schlag ihn aus dem Stadion, Jackie!“,
rief eine andere.

„Zeig's ihnen, Jackie!“, jubelte die
dritte.

„Psst! Pssst!“, machte die vierte.

In der Küche wurde es still. Die Frauen
beugten sich vor, einige murmelten ein
leises Gebet.

„Zweite Hälfte des siebten Spiel-
abschnitts. Die Brooklyn Dodgers liegen
hinten. Spielstand: Braves drei – Dodgers
zwei. Jetzt sind die Dodgers im Angriff.
Die Nummer 42 hebt den Schläger
hoch …“, berichtete der Radiosprecher.

„Wir drücken dir die Daumen, Sohn“,
flüsterte eine der Frauen.

Philipp hörte abermals, wie der Schläger
auf den Ball traf.

„Robinson schlägt … der Ball rollt zur
Linie der Ersten Base. Eddie Stanky steht
auf der Dritten Base.“

Die Zuschauer brüllten.

„Nummer 42 steht auf der Zweiten Base", berichtete der Radiosprecher. „Pete Reiser ist der nächste Batter."

„Bring unseren Jungen heim!", flüsterte eine der Frauen beschwörend.

Krach!

„Pete Reiser schlägt den Ball", sagte der Radiosprecher. „Eddie Stanky holt einen Punkt. Jetzt kommt Nummer 42. Er umrundet die Dritte Base. Er rennt zur Home Base!"

„Ja! Jaaa!", schrien die Frauen.

„Schneller, Jackie!", feuerte ihn eine an.

„Safe!", brüllte der Radiosprecher.

„Safe!", schrien die Frauen in der Küche.

Philipp schaute Anne an. Der Spieler mit der Nummer 42 hatte die Home Base erreicht und war sicher.

„Und was ist daran so besonders?", flüsterte Philipp seiner Schwester zu.

„Jackie Robinson mit der Nummer 42 hat gepunktet!", verkündete der Radio-sprecher.

„Jackie Robinson!", wiederholte Anne.

„Oh Mann!", flüsterte Philipp. Natürlich!
Jetzt begriff er. Jackie Robinson war der
erste schwarze Spieler, der zusammen
mit weißen Spielern in der Profiliga im
Baseball spielen durfte.

„Nun ist es offiziell", verkündete der
Stadionsprecher. „Jackie Robinson hat
Geschichte geschrieben!"

Die Frauen in der Küche umarmten
einander und lachten. Otis und Olive
hüpften auf und ab und jubelten. Jetzt
erst schauten die Frauen zur Küchentür.
Als sie Anne und Philipp erblickten,
waren sie überrascht.

„Oh, hallo!", grüßte eine von ihnen.
„Wer seid ihr denn?"

„Philipp und Anne", antwortete Anne.

„Unsere neuen Freunde", erklärte Otis.
„Sie waren Batboys in dem Spiel heute.
Für eine Weile zumindest."

„So lange, bis die Magie aufgebraucht
war", ergänzte Olive.

Die Frauen sahen Olive verständnislos
an.

Eine von ihnen lächelte Anne und
Philipp herzlich zu.

„Du meine Güte", sagte sie. „Ihr beide
seid die ersten weißen Menschen, die je
in dieses Haus gekommen sind."

„Echt?", fragte Anne nach.

„Ja, wirklich!", bestätigte die Frau.
„Herzlich willkommen!" Sie deutete
auf einen Teller mit Schokoplätzchen.
„Möchtet ihr vielleicht ein paar Kekse?"

„Ja, vielen Dank!", sagte Anne.

„Danke sehr", sagte auch Philipp.

Er, Anne und die Zwillinge nahmen sich
jeweils einen Keks.

„Nehmt euch so viele ihr mögt", forderte
die Frau sie auf.

Dann wandte sie sich ebenso wie die
anderen drei Frauen wieder andächtig
dem Radio zu.

Die Dodgers waren jetzt in Führung.

Philipp, Anne und die Zwillinge aßen
die köstlichen Kekse und hörten dabei
das restliche Spiel.

Der Radioreporter kommentierte jeden
Spielzug, bis er schließlich verkündete:
„Jetzt ist es amtlich, meine Damen und
Herren. Der endgültige Spielstand ist:

Brooklyn Dodgers fünf Punkte – die Boston Braves drei Punkte!"

Alle in der Küche applaudierten.

„Dieses Spiel haben die Dodgers gewonnen", sagte der Stadionsprecher. „Und Jackie Robinson hat sein erstes Spiel in der Profiliga beendet."

Der alleralteste Fan

Nachdem sie das Endergebnis gehört
hatten, lächelte Philipp.

„Okay, jetzt wissen wir, wieso das heute
so ein wichtiger Tag in der Geschichte des
Baseballs war!", meinte er.

„Genau", sagte Anne. „Und jetzt
wird es Zeit, dass wir unseren Fly Ball
verschenken."

Sie deutete auf die Zwillinge.

„Klar!", stimmte Philipp zu.

Er wandte sich an Otis und Olive. „Wir
haben ein ganz besonderes Geschenk für
euch."

Philipp holte den Baseball aus seiner
Tasche und hielt ihn den Zwillingen hin.

„Nein, danke!", lehnte Olive ab. „Behaltet
ihr ihn. Ihr habt ihn viel mehr verdient."

„Wir haben nämlich selbst jede Menge
Bälle", erzählte Otis.

„Woher?", wollte Anne wissen.

„Wir sammeln sie auf, wenn sie über die
Stadionmauer fliegen!", sagte Otis.

„Wir haben sie alle hier", sagte Olive. „Kommt mit, wir zeigen sie euch."

Die Zwillinge gingen voraus in ein schattiges Zimmer, in dem es nach Rosen und Lavendel roch.

Otis machte eine Lampe an. Eine unglaublich alte Frau saß dort in einem Schaukelstuhl. Sie schien zu schlafen.

„Seht ihr? Dort drüben!", flüsterte Olive und zeigte auf einen Korb voller Bälle.

„Wir bewahren sie hier im Zimmer von
Oma Beck auf. Hier bei ihr sind sie sicher",
sagte Otis.

„Oh!", machte Philipp.

Anne und er warfen einen Blick auf die
schlafende Frau.

„Sie ist unsere Ururgroßmutter", erklärte
Olive.

„Sie ist hunderteins Jahre alt", flüsterte
Otis. „Sie wurde noch als Sklavin geboren."

„Höre ich da etwa ein paar kleine Kinder über mich reden?", fragte die uralte Frau. Sie schlug die Augen auf und lächelte.

„Ja, Oma Beck", antwortete Otis. „Entschuldige, dass wir dich aufgeweckt haben."

„Ich habe ohnehin nur meine Augen ein wenig ausgeruht, Liebes!", behauptete sie. „Wen habt ihr denn da mitgebracht?"

„Unsere Freunde Philipp und Anne", erwiderte Olive. „Die beiden waren Batboys bei dem Dodgers-Spiel heute."

„Kommt doch ein Stückchen näher, Kinder", bat die Ururgroßmutter.

Philipp und Anne gingen näher an ihren Schaukelstuhl heran.

„Habt ihr heute Jackie Robinson gesehen?", fragte sie mit ihrer flüsternden Stimme.

„Ja, meine Dame!", erwiderte Anne.

„Hat die Menge ihm zugejubelt?", wollte Oma Beck wissen.

„Ja, meine Dame!", antwortete Philipp.

„Alle?", fragte sie.

Philipp brachte es nicht über sich, die

alte Dame anzulügen. „Nein, meine Dame, nicht alle“, gab er zu. „Manche haben ihm ziemlich gemeine Sachen zugerufen.“

„Es tut mir leid, das zu hören“, sagte sie. „Wie hat Jackie sich verhalten?“

„Er hat sie gar nicht beachtet“, antwortete Philipp.

„Er ist hocherhobenen Hauptes zurück zum Unterstand gegangen und hat kein einziges Wort dazu gesagt“, erzählte Anne.

„Selbstverständlich nicht, denn er war mit seinen Gedanken ganz und gar bei dem Spiel“, sagte die alte Dame. „Er hat seine Würde behalten. Er hat sich über das Gemeine und Niedrige erhoben!“

„Das beschreibt es wirklich treffend!“, dachte Philipp.

„Er ist dem Guten entgegengegangen!“, flüsterte die Ururgroßmutter von Otis und Olive. „Richtet eure Augen immer auf das Gute, Kinder. Und behaltet immer eure Selbstachtung!“

„Ja, meine Dame!“, versprach Philipp.

„Philipp!“, flüsterte Anne. „Sieh doch!“

Anne zeigte auf den Baseball in Philipps
Hand.

Wie von Zauberhand erschienen Buchstaben auf dem weißen Ball. Die Unterschrift lautete:

Die Zwillinge starrten den Ball ungläubig
an.

„Ihr habt einen Ball mit dem Autogramm
von Jackie Robinson?", fragte Otis.

„Der Ball mit dem Namen!", sagte
Philipp zu Anne.

Anne nickte grinsend. Sie nahm den
Ball von Philipp und reichte ihn Oma
Beck.

„Der gehört Ihnen!", bestimmte Anne.

Sie legte den Ball in die gekrümmten
Hände der alten Frau.

„Danke schön!", flüsterte die alte
Dame und betrachtete die Unterschrift.
„Bestimmt bin ich sein allerältester Fan."

Philipp fielen die letzten drei Zeilen in
Morgans Gedicht wieder ein:

„Sie kennen die Regeln des Spiels",
stellte Philipp fest. „Und Sie wissen, was
am wichtigsten dabei ist."

„Das stimmt", bestätigte die alte Dame
und schloss ihre faltigen Hände um den
Baseball. Dann machte sie die Augen
wieder zu.

Olive machte Anne und Philipp ein Zeichen. Die beiden folgten Olive und Otis nach draußen in den Flur.

Anne lächelte die Zwillinge an. „Eure Ururgroßmutter ist wirklich … wirklich urig großartig!"

Sie alle lachten.

„Ich fürchte, wir müssen jetzt gehen", sagte Philipp.

„Danke, dass ihr mitgekommen seid", sagte Olive.

„Warte mal, ich habe da noch eine Frage", sagte Anne. „Wieso sind wir die ersten Weißen, die je in diesem Haus waren?"

Olive zuckte mit den Schultern. „Keine Ahnung. Ihr beide wart die ersten, die je mitkommen wollten."

„Das ist ja seltsam!", fand Anne.

„Eigentlich nicht, Anne", widersprach Philipp. „In den Vierzigerjahren gab es schließlich noch viel Rassismus."

„Gab?", wiederholte Otis.

„Ihr meint sicherlich: gibt!", korrigierte Olive.

„Natürlich: gibt", wiederholte Philipp leise.

„Aber mit Jackie Robinson wird sich jetzt einiges ändern!", sagte Otis.

„Das ist wahr!", stimmte Philipp ihm zu. „Euch beiden vielen Dank für alles! Ihr habt uns heute wirklich sehr geholfen!"

„Das stimmt!", pflichtete Anne ihrem Bruder bei. „Würdet ihr uns jetzt bitte auch noch erklären, wie wir zum Park zurückkommen?"

„Das ist einfach!", sagte Otis und führte die beiden zur Haustür. „Ihr geht einfach zur Ecke dort drüben, lauft nach links und geht dann ungefähr sechs Häuserblocks immerzu geradeaus."

„Super. Danke!", sagte Philipp.

„Tschüss!", sagte Anne.

„Tschüss!", verabschiedeten sich Otis und Olive.

Philipp und Anne rannten zur Ecke und wandten sich nach links. In der kühlen Luft liefen sie zügig an der viel befahrenen Straße entlang, bis sie zum Stadtpark kamen.

BATBOY
BATBOY

Sie liefen auf die Grasfläche zu, wo
sie die Zwillinge zum ersten Mal getroffen
hatten. Die Kinder, die Murmeln gespielt
hatten, waren weg. Die Kinder, die mit
dem Ball und den Metallsternchen gespielt
hatten, waren weg. Der Mann, der auf
Spanisch gesungen hatte, war weg.

Philipp und Anne gingen weiter bis zu
der kleinen Baumgruppe. Sie fanden die
Strickleiter und kletterten nach oben.

Im Baumhaus nahm Anne sich das
Buch über Pennsylvania. Rasch fand sie
das Foto vom Wald in Pepper Hill.

„Bereit?", fragte sie ihren Bruder.

„Schlag ihn aus dem Stadion.
Mach einen Home Run für uns, Anne!",
antwortete Philipp grinsend.

Anne lachte. Sie deutete auf das Foto
und sagte: „Ich wünschte, wir wären dort!"

Wind kam auf.

Das Baumhaus fing an, sich zu drehen.

Es drehte sich schneller und immer
schneller.

Dann war alles wieder still.

Totenstill.

Home Run

Im Wald raschelten die Blätter. Schatten tanzten auf dem Boden des Baumhauses. In Pepper Hill war keine Minute vergangen.

„Wir sind wieder zurück!", stellte Philipp lächelnd fest.

Er und Anne trugen jetzt wieder ihre eigene Kleidung.

„Es wäre schön, wenn Otis und Olive in Pepper Hill wohnen würden", meinte Anne.

„Ja, das finde ich auch", stimmte Philipp ihr zu.

„Die beiden haben sich echt gut ausgekannt", erinnerte sich Anne. „Und sie kannten wirklich jede Abkürzung!"

„Ja. Großvater hat doch auch erzählt, dass Kinder viel alleine unternommen haben, als er klein war", sagte Philipp. „Das ist heutzutage ganz anders."

„Es sei denn, man hat ein magisches Baumhaus!", meinte Anne.

Philipp lachte. „Kaum zu glauben,
dass wir eben tatsächlich Jackie Robinson
in Ebbets Field spielen gesehen haben",
meinte er.

„Komm, wir schlagen ihn mal nach",
schlug Anne vor.

Philipp griff in seine Tasche und zog das
Buch mit dem Titel *Die Geschichte des
Baseballs* hervor.

„Komisch. Auf unserer gesamten Reise
haben wir nicht ein einziges Mal daran
gedacht, irgendetwas über Baseball
nachzulesen", stellte Anne fest.

„Weil wir viel zu beschäftigt damit waren,
Baseball zu leben!", meinte Philipp.

Er fand die Seite über Jackie Robinson
und las laut vor:

Jackie Robinson war der erste Afroamerikaner,
der in Amerika in einem Verein der Profiliga
Baseball gespielt hat. Sein erstes Spiel absolvierte
er für die Brooklyn Dodgers im Ebbets-Field-
Stadion im New Yorker Stadtteil Brooklyn am
15. April 1947.

„Ein bedeutsamer Tag in der Geschichte des Baseballs!", sagte Anne.

„Ja! Ein richtig wichtiger Tag!", bestätigte Philipp.

Er las weiter:

Jackie Robinson war nicht nur ein großartiger Baseballspieler, er zeigte auch heldenhafte Stärke im Angesicht von Rassismus. „Es ist mir völlig gleich, ob Sie mich mögen oder nicht", hat er einmal gesagt. „Alles, was ich erwarte, ist, dass Sie mich als Mensch respektieren." Sein Talent und sein Mut haben die Bürgerrechtsbewegung in den USA entscheidend beeinflusst.

„Wie cool!", flüsterte Philipp.

Er klappte das Buch zu und holte ganz tief Luft.

„Lass uns gehen", sagte er. „Wir haben noch eine Menge zu erledigen!"

„Haben wir?", fragte Anne.

„Ja!" Philipp setzte seinen Rucksack auf und kletterte nach Anne die Strickleiter hinunter.

Ein sanfter Wind wehte, während sie durch den Wald gingen. Zwischen den Bäumen fiel Sonnenlicht auf den Waldboden.

„Du sagst, wir haben eine Menge zu tun", sagte Anne. „Was denn zum Beispiel?"

„Zum Beispiel zum Sportzentrum gehen und an dem Baseball-Probetraining teilnehmen", antwortete Philipp.

„Echt? Dann hast du es dir also anders überlegt?", stellte Anne fest.

„Ja, wieso auch nicht?", meinte Philipp.

„Ich habe gedacht, du hast Angst, dass die anderen vielleicht über dich lachen", fragte Anne vorsichtig nach.

„Damit kann ich leben!", behauptete Philipp. „Was ist mit dir?"

„Klar, ich auch!", sagte Anne.

„Wir müssen uns einfach nur anstrengen und es so gut machen, wie wir können", beschloss Philipp.

„Und dabei dürfen wir auf gar keinen Fall unsere Selbstachtung verlieren!", ergänzte Anne.

„Genau. Und wenn wir nicht ins Team
aufgenommen werden, können wir uns
immer noch als Batboys bewerben“,
schlug Philipp vor.

„Oder als Manager.“ Anne grinste.

„Oder wir leihen uns Mamas Handy
und machen Fotos von den Spielen“,
sagte Philipp.

„Genau! Und Videos könnten wir auch
machen!“, rief Anne.

„Das macht bestimmt Spaß!“, meinte
Philipp.

„Großen Spaß“, bestätigte Anne.

„Weißt du … ich glaube nicht, dass
Morgan uns nach Brooklyn geschickt

hat, damit wir großartige Baseballspieler werden", sagte Philipp nachdenklich.

„Ich weiß", meinte Anne. „Sie hat uns dorthin geschickt, damit wir mutiger werden und lernen, am Ball zu bleiben und einfach weiterzumachen."

„Ja. Das sind nämlich die wichtigsten Regeln des Spiels!", bestätigte Philipp.

Sie traten aus dem Wald und bogen in ihre sonnenhelle Straße.

„Komm! Beeilen wir uns!", drängte Philipp.

„Home Run?", fragte Anne grinsend.

„Okay!" Philipp lachte. „Lass uns nach Hause rennen!"

Im hellen Sonnenschein liefen Anne und Philipp los.

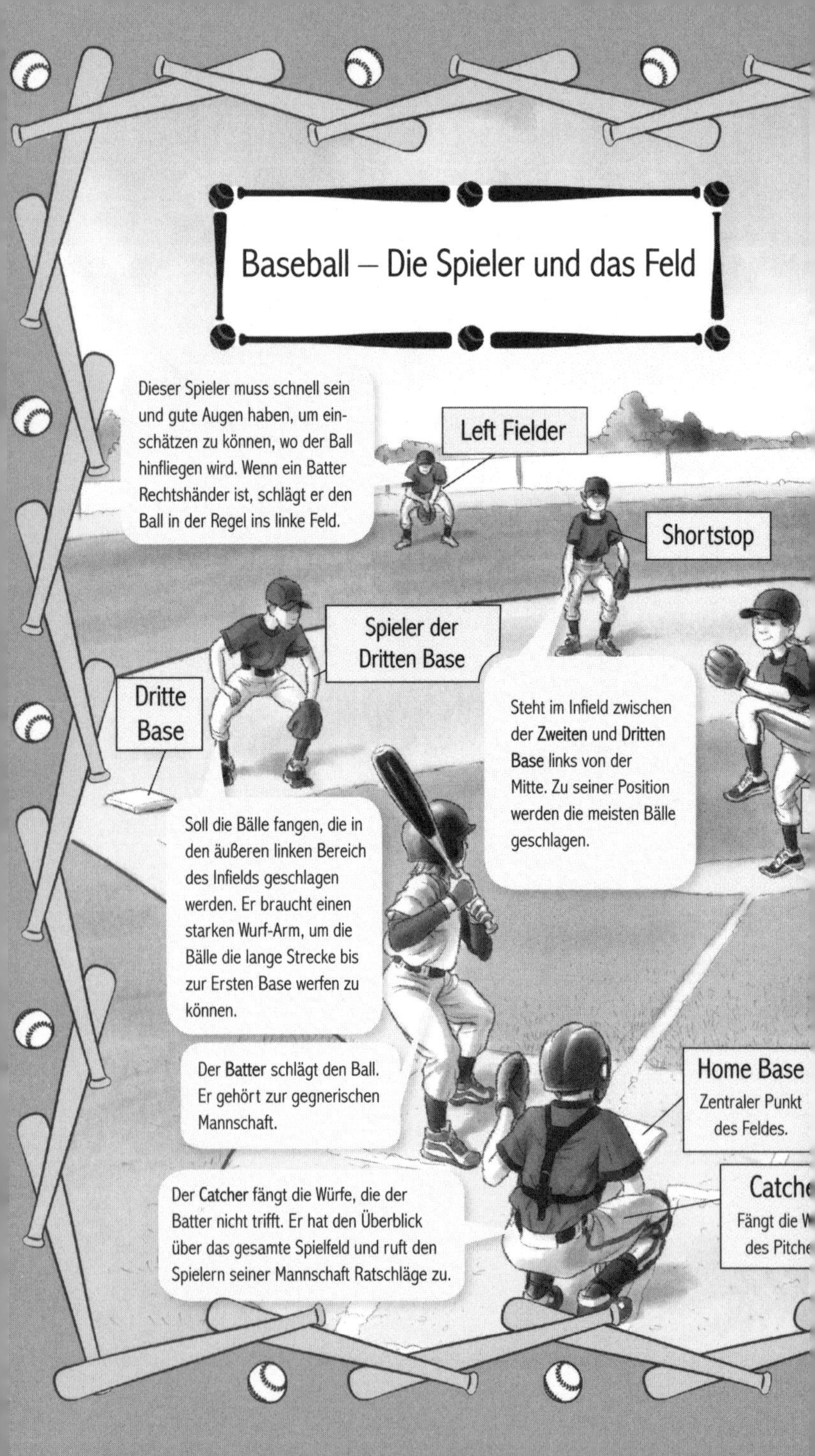

Baseball – Die Spieler und das Feld
Dieser Spieler muss schnell sein und gute Augen haben, um einschätzen zu können, wo der Ball hinfliegen wird. Wenn ein Batter Rechtshänder ist, schlägt er den Ball in der Regel ins linke Feld.
Left Fielder
Shortstop
Spieler der Dritten Base
Dritte Base
Steht im Infield zwischen der Zweiten und Dritten Base links von der Mitte. Zu seiner Position werden die meisten Bälle geschlagen.
Soll die Bälle fangen, die in den äußeren linken Bereich des Infields geschlagen werden. Er braucht einen starken Wurf-Arm, um die Bälle die lange Strecke bis zur Ersten Base werfen zu können.
Der Batter schlägt den Ball. Er gehört zur gegnerischen Mannschaft.
Home Base
Zentraler Punkt des Feldes.
Der Catcher fängt die Würfe, die der Batter nicht trifft. Er hat den Überblick über das gesamte Spielfeld und ruft den Spielern seiner Mannschaft Ratschläge zu.
Catche
Fängt die W
des Pitche

der Position, die am
von der Home Base
ist, und muss einen relativ
Bereich abdecken. Deshalb
ser Spieler ein guter Läufer
weit werfen können.
Steht aus Sicht des Catchers im rechten Bereich des Outfields und soll vor allem die Bälle von den Batters fangen, die Linkshänder sind. Er muss weit werfen können, da er den Ball zur Dritten Base werfen muss.
Center Fielder
Spieler der Zweiten Base
Right Fielder
Spieler der Ersten Base
Steht zwischen Erster und Zweiter Base auf der rechten Seite des Infields. Deckt die Zweite Base ab, wenn der Ball in die rechte Hälfte des Feldes geschlagen wird.
Erste Base
Infield*
Deckt die Erste Base ab und ist für die Bälle zuständig, die der Batter auf die rechte Seite des Infields schlägt. Er versucht, den Ball zu fangen, bevor der Batter die Base erreicht.
n Ball so zu dem Catcher,
r Batter ihn mit seinem
r nicht oder nicht weit
n kann.
Outfield
*Das Infield ist der Bereich des Spielfeldes, der durch die vier Bases begrenzt wird.

Mary Pope Osborne lernte schon als Kind viele Länder kennen. Mit ihrer Familie lebte sie in Österreich, Oklahoma, Florida und anderswo in Amerika. Nach ihrem Studium zog es sie wieder in die Ferne und sie reiste viele Monate durch Asien. Schließlich begann sie zu schreiben und ist damit außerordentlich erfolgreich. Bis heute sind schon über hundert Bücher von Mary Pope Osborne erschienen. *Das magische Baumhaus* ist in den USA und in Deutschland eine der beliebtesten Kinderbuchreihen.

Petra Theissen, 1969 geboren, studierte nach dem Abitur Grafikdesign an der Fachhochschule in Münster. Seit Abschluss ihres Studiums ist sie als freie Werbe- und Kinderbuchillustratorin tätig und mag mit niemandem tauschen: Sie kann sich keinen schöneren Beruf vorstellen.